Peter Bührer
*PASTA*

# Peter Bührer

*Cocina actual*

# *Pasta*

preparada por famosos

cocineros

ELFOS

Colección COCINA ACTUAL

Título original: *Pasta*
Versión castellana: Marianne Ramei
Director de edición: Rita Schnitzer
Fotografías: Fotostudio Teubner, Füssen (Alemania)

© 1990 Mosaik Verlag GmbH, Munich
© 1991 edición española Ediciones Elfos, S.L.
Alberes 34, 08017 Barcelona. Tel. 406 94 79

ISBN 84-87251-37-4
Impreso en España por Gráficas Estella, S.A., Estella (Navarra)
Depósito legal: NA-1435-1991

# Contenido

# Recetas

# LA PASTA CONQUISTA
# LA CÚSPIDE DE LA COCINA

En los últimos diez años, los establecimientos de la Comida Rápida y las hamburgueserías han dañado la reputación de las pastas alimenticias con su inundación de platos de tallarines y pizzas. Pero ahora, las pastas viven un verdadero renacimiento; los platos de pasta combinados con cierta fantasía, gozan sobre todo, de creciente popularidad. Incluso se les puede encontrar en los menús de los restaurantes más refinados.

Las siguientes páginas le familiarizarán con el empleo de las pastas alimenticias. Un capítulo entero está dedicado a las pastas de colores. ¿Por qué no sorprende alguna vez a sus invitados ofreciéndoles unas pastas de colores o unos sabrosos tallarines preparados con harina integral?

He aquí una exquisita selección de platos de pastas con carne, pescado, setas y verdura. Naturalmente, no pueden faltar las salsas clásicas.

Para terminar, una pequeña *Enciclopedia de la pasta* le ofrece una visión general sobre las pastas alimenticias que más se utilizan.

Pero, sin duda, la parte más interesante es la dedicada a recetas de pasta de famosos *Chefs* de cocina del mundo entero.

¿Por qué no celebra con su familia y sus amigos un uténtico saboreo de este manjar? Le deseamos éxito y buen provecho.

*Peter Bührer*

# HISTORIA DE LA PASTA

Durante mucho tiempo se atribuyó a Marco Polo el haber percibido en China por primera vez la importancia de la pasta y el haberla también introducido en Italia.

Ya en libros de Marcus Gravius Apicius, alrededor del año 30 de la era cristiana, se describen pastas alimenticias.

La pasta ha sido un invento casual: antiguamente, se preparaba una masa de granos molidos de trigo con los que se hacían bolas y se cocían en agua. Luego se pasó a la práctica del simple aplastamiento de las bolas y del cocimiento en breve tiempo de esas finas placas que resultaban. Más tarde, estas placas fueron cortadas en tiras; así nació el prototipo de lo que hoy son nuestros tallarines.

En un relieve de una tumba etrusca del siglo III a.C., se pueden distinguir un rodillo y una rodaja para pasta. En el año 1154 bajo el reinado del rey Roger II de Sicilia se prepararon grandes cantidades de tallarines. Un notario de Génova anotó, en 1279, en el inventario sucesorio de un ciudadano, la existencia de una cesta de pastas alimenticias. Otra documentación sobre el pasado de las pastas es el *Segundo orden cronológico* de Giacomo Vicini del año 1363.

Por lo tanto, Marco Polo (1254-1324) no es el descubridor de las pastas alimenticias; sólo introduce en Italia nuevas variedades de pastas, contribuyendo, de ese modo, a su popularización culinaria.

En la Edad Media, se conocían las maneras más curiosas de cocinar la pasta. Se las sazonaba con ingredientes como azúcar, miel, canela y clavos. El pueblo preparaba salsas de nata, queso, setas, hierbas aromáticas y ajo. Y cuando Colón trajo el tomate a Europa, la cocina de la pasta se enriqueció de forma notable. No se conoce ninguna denominación exacta par las distintas formas de pastas. Solamente se sabe que *spaghetto* es un diminutivo de *hilo*, y que este nombre empieza a usarse hacia el final del siglo XVIII.

El filólogo Carena (1778-1859) lo menciona en su diccionario de palabras técnicas como *hilo largo y fino de pasta*.

Las distintas formas de masa se secaban al sol y se consideraban desde siempre como excelente conserva. Por esta cualidad, los platos de pasta fueron y siguen siendo muy populares en zonas cálidas.

Unos jóvenes ingeniosos inventaron, a mediados del siglo XIX, las primeras máquinas para fabricar macarrones y, 40 años más tarde, incluso ya las exportaban a América. Alrededor de 1830, en una fábrica de pasta en Chieti, la pasta fue secada, por vez primera, con aire caliente en vez de ser expuesta al sol. Entonces, las pastas se componían exclusivamente de sémola de trigo duro. Hoy en día solemos utilizar una masa que incluye huevos en su preparación y que resulta más blanda y de sabor más suave. La proporción de las cantidades de los ingredientes varía según el gusto. Este refinamiento degeneraba de vez en cuando. En una receta de fines del siglo XIX se menciona la cantidad de... ¡18 huevos! para 500 gramos de harina y un poco de mantequilla.

# RECETAS BÁSICAS PARA LA MASA

## Masa de pastas con huevo

*para aprox. 500 g de masa
(por persona se cuenta unos
100 g de harina y 1 huevo)*

*450 g de harina
4 huevos
1 pizca de sal
2 cl de aceite de oliva*

Tamice la harina en una tabla y haga un hueco en el medio. Bata los huevos en un cuenco, sálelos, viértalos en el hueco junto con el aceite de oliva y añada la harina, poco a poco, desde el margen con la punta de los dedos. Trabaje la masa hasta que quede elástica y lisa. Déjela reposar media hora envuelta en un trapo húmedo. Separe la masa en dos partes y estírela finamente en una superficie de trabajo espolvoreada con harina.

Luego córtela en las formas deseadas.

## Tallarines de sémola de trigo duro

*1/2 cucharadita de sal
0,1 l de agua
150 g de harina
150 g de sémola fina de trigo
    duro*

Disuelva la sal en el agua. Mezcle la harina y la sémola y añada poco a poco el agua salada. Amase todo hasta conseguir una masa elástica. Si ésta fuera demasiado húmeda, agregue un poco de harina tamizada hasta que deje de ser pegajosa. Deje reposar la masa durante media hora envuelta en un trapo húmedo. Luego estírela y corte los tallarines.

## Tallarines de harina integral

*220 g de harina integral de
    trigo
20 g de sémola de trigo duro
1 huevo
1 pizca de sal
3 cucharadas de agua*

Mezcle bien la harina y la sémola, viértala en una tabla y haga un hueco en el medio. Ponga el huevo, la sal y el agua en el hueco y amase con la punta de los dedos, añadiendo la harina desde el margen. Trabaje la masa hasta que quede elástica y lisa. Déjela reposar durante media hora envuelta en un trapo húmedo. Separe la masa en dos partes y estírela finamente en una superficie de trabajo espolvoreada con harina. Luego córtela en las formas deseadas con un cuchillo ancho.

# PASTA DE COLORES

## Masa verde con espinacas

2 huevos
2 cucharadas de puré de
espinacas
2 cl de aceite de oliva
1 pizca generosa de sal
400 g de harina

Bata los huevos, añada el puré de espinacas, el aceite y la sal. Tamice la harina en una superficie de trabajo y haga un hueco en el medio. Añada lentamente la mezcla de huevos y espinacas. Incorpore la harina y amase todo rápidamente hasta conseguir una masa lisa y elástica.

Si la masa resultara demasiado húmeda, agregue un poco de harina.

Cubra la masa con un trapo húmedo y déjela reposar durante media hora. Estírela hasta el espesor deseado y córtela en tallarines.

## Masa amarilla con azafrán

2 pizcas de polvo de azafrán
2 cl de agua
3 huevos
1 pizca generosa de sal
2 cl de aceite de oliva
400 g de harina

Diluya el azafrán en el agua y deje reposar durante 20 minutos. Bata los huevos y añada la sal, el aceite y el agua con el azafrán.

Tamice la harina en una superficie de trabajo y haga un hueco en el medio. Vierta la mezcla de huevo lentamente en el hueco y amase todo rápidamente en una masa lisa y elástica.

Si la masa resultara demasiado húmeda, añada un poco de harina.

Envuelva la masa con un trapo húmedo y déjela reposar durante media hora.

Estírela y córtela en tallarines.

## Tallarines al limón

3 huevos
la cáscara de 1 limón sin
tratar, rallada
1 cucharadita de zumo de
limón
1 pizca generosa de sal
2 cl de aceite de oliva
400 g de harina

Bata los huevos, añada la cáscara y el zumo de limón, la sal y el aceite y mezcle bien.

Tamice la harina en una superficie de trabajo y haga un hueco en el medio. Vierta la mezcla de huevo lentamente en el hueco y amase todo rápidamente en una masa lisa y elástica.

Si la masa resultara demasiado húmeda, añada un poco de harina.

Cubra la masa con un trapo húmedo y déjela reposar durante media hora.

Estírela y córtela en tallarines.

## Masa negra con tinta de sepia

*2 huevos*
*1 cucharada de tinta de sepia*
*1 pizca de sal*
*2 cl de aceite de oliva*
*450 g de harina*

Bata los huevos, añada la tinta de sepia, la sal y el aceite de oliva y mezcle bien.

Tamice la harina en una superficie de trabajo y haga un hueco en el medio. Vierta la mezcla de huevo lentamente en el hueco, añada la harina con la punta de los dedos y amase todo rápidamente en una masa lisa y elástica.

Si la masa resultara demasiado húmeda, agregue un poco de harina.

Envuelva la masa con un trapo húmedo y déjela reposar durante media hora.

Estire la masa hasta el espesor deseado y córtela en la forma correspondiente (ver receta en la página 50).

## Masa marrón con espresso (café exprés)

*2 huevos*
*1 pizca de sal*
*0,1 l de espresso*
*2 cl de aceite de oliva*
*450 g de harina*

Bata los huevos, agregue la sal, el espresso frío y el aceite de oliva y mézclelo bien.

Tamice la harina en una superficie de trabajo y haga un hueco en el medio. Vierta la mezcla de huevo lentamente en el hueco, añada la harina con la punta de los dedos y amase todo rápidamente en una masa lisa y elástica.

Si la masa resultara demasiado húmeda, añada un poco de harina tamizada.

Cubra la masa con un trapo húmedo y déjela reposar durante media hora.

Estírela hasta el espesor deseado y córtela en la forma correspondiente.

Los tallarines al espresso armonizan muy bien con setas; por ejemplo, con un ragú de rebozuelos o con una ligera salsa de crema con trufas blancas.

## Masa veteada con hierbas aromáticas

*2 huevos*
*2 cl de aceite de oliva*
*1 pizca generosa de sal*
*1 cucharadita de perifollo picado*
*1 cucharadita de perejil picado*
*1 cucharadita de estragón picado*
*400 g de harina*

Bata los huevos, añada el aceite de oliva, la sal y las hierbas picadas y mezcle bien.

Tamice la harina en una superficie de trabajo y haga un hueco en el medio. Vierta la mezcla de huevo lentamente en el hueco, añada la harina con la punta de los dedos y amase todo rápidamente en una masa lisa y elástica.

Si la masa resultara demasiado húmeda, agregue un poco de harina tamizada.

Cubra la masa con un trapo húmedo y déjela reposar durante media hora.

Estírela hasta el espesor deseado y córtela en la forma correspondiente.

## Masa roja con remolacha

*60 g de remolacha cocida*
*2 huevos*
*1 pizca generosa de sal*
*2 cl de aceite de oliva*
*400 g de harina*

Reduzca la remolacha a puré con la batidora y pásela por un colador.

Bata los huevos, agregue la sal, el aceite de oliva y el puré y mezcle todo bien.

Tamice la harina en una superficie de trabajo y haga un hueco en el centro. Vierta la mezcla de huevo lentamente en el hueco, agregue la harina con la punta de los dedos y amase todo rápidamente en una masa lisa y elástica.

Si la masa fuera demasiado húmeda, añada un poco de harina tamizada.

Cubra la masa con un trapo húmedo y déjela reposar durante media hora.

Estírela hasta el espesor deseado y córtela en la forma correspondiente.

## Masa color naranja con tomates

*1 cucharada de puré de tomate*
*4 cl de agua*
*2 cl de aceite de oliva*
*2 huevos*
*400 g de harina*

Mezcle el puré de tomate con el agua hasta que esté liso. Bata el aceite de oliva con la sal y los huevos y añádalo.

Tamice la harina en una superficie de trabajo y haga un hueco en el centro. Vierta la mezcla de huevo lentamente en el hueco, agregue la harina con la punta de los dedos y amase todo rápidamente en una masa lisa y elástica.

Si la masa fuera demasiado húmeda, añada un poco de harina tamizada.

Cubra la masa con un trapo húmedo y déjela reposar durante media hora.

Estírela hasta el espesor deseado y córtela en la forma correspondiente.

En vez de puré de tomate puede utilizar, igualmente, tomate concentrado.

## Tallarines de zanahoria

*3 zanahorias*
*2 huevos*
*2 cl de aceite de oliva*
*1 pizca generosa de sal*
*500 g de harina*

Pele las zanahorias, córtelas en trocitos y redúzcalas a puré con la batidora. Bata los huevos, añada el puré de zanahorias, el aceite de oliva y la sal y mezcle todo.

Tamice la harina en una superficie de trabajo y haga un hueco en el centro. Vierta la mezcla de huevo lentamente en el hueco, agregue la harina con la punta de los dedos y amase todo rápidamente en una masa lisa y elástica.

Si la masa fuera demasiado húmeda, añada un poco de harina tamizada.

Cubra la masa con un trapo húmedo y déjela reposar durante media hora.

Estírela hasta el espesor deseado y córtela en la forma correspondiente.

# PASTAS CASERAS

*Amase harina, huevos, aceite y un poco de agua hasta conseguir una masa firme, pero elástica, ni blanda ni muy consistente.*

*Forme una bola con la masa y consérvela en frío, envuelta en una hoja de plástico, papel aluminio o un paño de cocina.*

*Con una máquina de cortar pastas se pueden conseguir las formas más diversas y regulares de pastas.*

*Al estirar la masa resultan finas capas de las que se cortan para dar forma a los ravioles. Éstos se obtienen fácilmente con una máquina de pastas.*

*Ponga el relleno por cucharaditas sobre la fina capa de masa. Cúbrala cuidadosamente con una segunda capa de masa fina.*

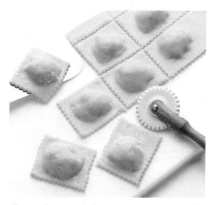

*Corte los ravioles con una pequeña ruedecita para ese uso específico u obténgalos con un molde.*

# EL ARTE DE COCINAR LAS PASTAS

Naturalmente, es mucho más sencillo comprar pastas alimenticias listas para cocinarlas que fabricarlas en casa.

El proceso de cocción, esencialmente permanece casi igual.

Hay tres aspectos importantes: la olla debe ser de un tamaño adecuado, teniendo en cuenta que las pastas requieren suficiente agua para evitar apelmazarse. Al abundante agua en su punto de cocción se le añade sal (se cuentan aproximadamente 10 gramos para 1 litro de agua, lo que corresponde a una cucharada) y aceite vegetal (unas 2 o 3 cucharadas). La pasta sólo debe echarse cuando el agua esté hirviendo. El aceite y el fuerte movimiento del agua en cocción impiden que la pasta se pegue.

Todas las pastas, rellenas o no, se cuecen *al dente*, o sea, hasta que ofrezcan todavía algo de resistencia a los dientes. Las pastas frescas y los tallarines caseros necesitan, según sus características, entre 2 y 5 minutos, a veces bastan incluso entre 40 a 60 segundos. La pasta seca o fabricada industrialmente requiere, por lo menos, el doble de tiempo (entre 8 y 16 minutos). Los tiempos de cocción indicados en los paquetes varían bastante de un fabricante a otro. A ello se añade que, por ejemplo, las pastas fabricadas con harina tienen un tiempo de cocción más corto que las de sémola de trigo duro.

No se fíe, pues, demasiado del reloj. Pruebe y controle constantemente el grado de dureza del alimento para no perder el momento justo entre «a punto» y «pasado».

Recuerde también que las pastas siguen cociéndose en agua hirviendo. Los verdaderos profesionales de la pasta colocan un tarrito con agua fría al lado de la cocina para poder interrumpir inmediatamente la cocción si esto fuera necesario. El colador también debería estar preparado para que la pasta se pueda escurrir enseguida antes de utilizarla.

Por último, una orientación para determinar la cantidad: se cuentan entre 60 y 100 gramos de pasta por persona para un primer plato, de 100 a 150 gramos de pasta para un acompañamiento y de 200 a 300 gramos para un plato principal.

# LOS QUESOS PARA ACOMPAÑAR LAS PASTAS

### FONTINA

El Fontina es un queso graso de leche de vaca fabricado en el Piamonte.

Se utiliza sobre todo en la salsa de queso, como relleno o para gratinar.

### GRANA PADANO

El Grana Padano es un pariente del Parmesano, pero sólo se fabrica en el norte de Italia.

Su utilización es la misma que la del Parmesano.

### GORGONZOLA

El Gorgonzola es un queso azul italiano fabricado con leche de vaca y con un sabor picante.

Cuando está totalmente maduro, tiene una consistencia cremosa y es muy popular como ingrediente picante en pastas o salsas.

### MOZZARELLA

El Mozzarella es un queso fresco graso italiano.

Hoy en día se fabrica con leche de vaca. Antiguamente, se componía de leche de búfalo, y, sólo en esta forma original, se puede seguir llamando *Mozzarella di bufalo*.

En la cocina de las pastas, el Mozzarella se emplea como queso para gratinar o para rellenos.

### PARMESANO

El dorado Parmesano, considerado por muchos como el rey de los quesos, se fabrica desde hace casi mil años en varias regiones de Italia, pero sobre todo, en la zona alrededor de Reggio Emilia, Bolonia y, naturalmente, Parma.

El Parmesano es un queso duro fabricado con leche de vaca que debe madurar como mínimo de 2 a 3 años en la bodega. Cuanto más viejo sea el queso, más fuerte y aromático será su sabor.

El Parmesano es el clásico acompañante de la pasta. Se suele colocar en la mesa, rallado en una escudilla, o se le ralla, al comer, directamente encima del plato lleno. Pero también en virutas o desmenuzado armoniza estupendamente con las pastas.

### PECORINO

Este queso picante, de leche de oveja, es el número dos de los quesos italianos.

Tiene un sabor pronunciado y sirve también como condimento principal para la pasta.

El Pecorino necesita madurar entre 5 y 8 meses. Su hermano menor, el Pecorino Sardo, es un queso fresco y blando que se suele comer, en Italia, al final de un menú.

### RICOTTA

El Ricotta es un queso fresco elaborado a partir de suero de leche.

En relación con la pasta, el Ricotta suele ser empleado como ingrediente del relleno o de la salsa.

# SALSAS CLÁSICAS PARA PASTAS

## Salsa italiana de setas

250 g de colmenillas
50 g de rebozuelos
5 cl de aceite de oliva
1 cebolla picada
1 diente de ajo, machacado
0,1 l de vino blanco
0,1 l de fondo de ternera
4 tomates, pelados y sin
    semillas, cortados
1 pizca generosa de azúcar
sal
pimienta recién molida
20 g de Parmesano rallado
1 cucharada de hojas de
    tomillo, picadas

Lave las setas bajo un chorro de agua rápidamente, escúrralas en un trapo y límpielas bien. Caliente el aceite de oliva y rehogue la cebolla picada y el ajo machacado.

Añada las setas y rehóguelas brevemente. A continuación, incorpore el fondo de ternera y los tomates con el azúcar. Cueza a fuego lento durante 20 minutos. Sazone con sal, pimienta, el Parmesano rallado y las hojas de tomillo.

## Salsa boloñesa

60 g de bacon, cortado en
    tiras
5 cl de aceite de oliva
2 cebollas picadas
1 trocito de apio, en daditos
1/2 puerro, en daditos
2 zanahorias, en daditos
120 g de carne picada de
    vaca
120 g de carne picada de
    ternera
120 g de carne picada de
    cerdo
5 tomates, en dados
0,2 l de vino tinto fuerte
0,2 l de caldo de carne
1 hoja de salvia
1/2 manojo de perejil, picado
sal
pimienta negra recién molida

Dore el bacon en el aceite caliente, añada los dados de verdura y rehóguelos brevemente.

Agregue la carne picada, mezcle bien y siga dorando. Incorpore los tomates y riegue todo con el vino tinto.

Añada el fondo de ternera, el caldo, la hoja de salvia y el perejil y cueza la salsa a fuego lento durante 1 hora. Sazone con sal y pimienta negra.

# Pesto
## a la genovesa

2 manojos de albahaca
20 g de piñones
3 dientes de ajo, pelados y
   cortados en cuartos
1 cucharadita de sal marina
   gruesa
1 cucharada de Parmesano
   rallado
2 cucharadas de Pecorino
   rallado
5 cl de aceite de oliva

Lave la albahaca bajo un chorro de agua fría, deje escurrir en un trapo y séquela bien con papel de cocina. Dore los piñones en una sartén sin grasa.

Luego, machaque en el mortero la albahaca, los dientes de ajo, los piñones y la sal marina. Vierta el aceite de oliva, gota a gota, sin dejar de remover.

El pesto armoniza estupendamente con la pasta, pero sirve también para mejorar una menestra o una salsa.

# Sugo
## (salsa de tomate)

5 cl de aceite de oliva
50 g de bacon, cortado en
   daditos
2 cebollas, peladas y cortadas
   en tiras
2 kg de tomates, pelados, sin
   semillas y cortados
2 dientes de ajo, pelados
1 manojo de albahaca, sin
   los tallos
0,2 l de caldo fuerte de carne
1 cucharadita de azúcar
sal
pimienta negra recién molida

Caliente el aceite de oliva y dore los daditos de bacon hasta que estén crujientes. Añada las tiras de cebolla y los tomates y rehóguelos brevemente. Incorpore el ajo machacado. Pique toscamente la albahaca y añádala junto con el caldo y el azúcar. Cueza durante 1 hora a fuego lento. Sazone con sal y pimienta negra.

Reduzca la salsa de tomate a puré con la batidora y, según su gusto, pásela por un chino.

# Bagna cauda

6 anchoas saladas
6 cl de aceite de oliva
120 g de mantequilla
5 dientes de ajo, pelados y
   picados
1 trufa blanca de unos
   25 gramos

Aclare bien las anchoas en agua fría, quite las espinas y córtelas en trocitos pequeños.

Caliente el aceite de oliva y la mantequilla en una sartén y rehogue el ajo hasta que quede blando, pero sin dejar que tome color.

Limpie la trufa con un cuchillo o con un pequeño cepillo y pele finamente la parte abombada. Pique finamente esos «desechos». Añádalos al ajo junto con las anchoas y quite la sartén del fuego.

Ralle finamente el resto de la trufa y agréguela a la salsa a fuego lento. Mezcle bien y sirva enseguida.

# PASTAS
# CON VERDURA

La verdura fresca, cocida hasta que
esté aún crujiente, presta a la pasta
vegetariana un toque especial.

# Tallarines verdes con tomate y mantequilla a la salvia

1 kg de tomates maduros
6 dientes de ajo
3 chalotes (cebollas tiernas)
2 cucharadas de aceite de
    oliva
sal
pimienta recién molida
500 g de tallarines finos
    verdes
1 ramito de romero
100 g de mantequilla
20 hojas frescas de salvia,
    finamente picadas
100 g de Parmesano en un
    trozo

Vierta agua hirviendo sobre los tomates, deje reposar un momento, páselos por agua fría y retire la piel. Corte los tomates en dos. Quite el tallo y las semillas y corte la pulpa en trozos gruesos.

Pele dos dientes de ajo y córtelos en rodajas. Pele los chalotes, córtelos en daditos finos y rehóguelos en el aceite de oliva caliente. Añada los dados de tomate y cueza todo junto durante 30 minutos a fuego lento. Sazone con sal y pimienta.

Mientras, cueza los tallarines en agua con sal hirviendo hasta que estén *al dente*.

Pele los dientes de ajo restantes y córtelos en rodajas. Quite las hojas de romero de sus tallos y píquelos toscamente. Caliente la mantequilla, añada las rodajas de ajo, el romero y las hojas de salvia finamente picadas y deje que espume una vez.

Para este plato se debe usar necesariamente salvia fresca. La salvia seca tiene un sabor mucho más áspero y alteraría el sabor del plato.

PRESENTACIÓN:
Ponga los tallarines junto con la salsa de tomate en platos precalentados y espolvoree con el Parmesano recién rallado. Vierta la mantequilla a la salvia caliente encima. Sirva enseguida.

**Para 4 personas**

# Panzerotti con remolacha

*200 g de harina de trigo*
*150 ml de leche*
*1 pizca de sal*
*1 huevo*

PARA EL RELLENO:
*3 remolachas medianas*
*(aprox. 250 g)*
*100 g de ricotta*
*sal*
*pimienta recién molida*
*1 pizca de nuez moscada*
*1 clara de huevo*
*70 g de mantequilla*
*1 cucharada de semillas de*
*adormidera*
*50 g de Parmesano recién*
*rallado*

Cueza primero las remolachas limpiadas, pero sin pelar, entre 1 y 1/2 hora en abundante agua con sal. Mientras, tamice la harina en una superficie de trabajo y haga un hueco en el centro. Ponga la leche, la sal y el huevo batido en el hueco, mezcle y trabaje la mezcla hasta conseguir una masa firme y lisa. Deje reposar durante 10 minutos.

Mientras la masa esté reposando, pele las remolachas, córtelas en dados y páselas por el disco grueso de la picadora de carnes. (Para pelar la remolacha se recomienda poner unos guantes de goma. El colorante de esta verdura tiñe la piel de un rojo fuerte). Añada la ricotta, salpimente y sazone con la nuez moscada.

Estire la masa finamente, sepárela en dos partes y ponga en una mitad, en distancias de 4 cm cada vez, una cucharadita de relleno. Pinte la masa alrededor del relleno con clara de huevo, cubra con la segunda mitad de la masa, apriete bien y corte con la rodaja.

Cueza los panzerotti durante unos 5 minutos en agua con sal y escurra bien. Mientras tanto, deje fundir la mantequilla en una pequeña cacerola.

PRESENTACIÓN:
Disponga los panzerotti en platos, espolvoréelos con semillas de adormidera y Parmesano y vierta unas cucharadas de mantequilla caliente encima.

**Para 4 personas como primer plato**
**Para 2 personas como plato principal**

# Escalope de pasta con mahonesa de hierbas

200 g de harina de trigo
3 huevos
1 cucharada de aceite
sal
aceite para el molde
100 g de harina para
    empanar
2 huevos batidos
200 g de pan rallado
10 cucharadas de aceite para
    freír

PARA LA MAHONESA:
2 yemas de huevo
sal
pimienta recién molida
el zumo de 1/2 limón
10 cucharadas de aceite de
    cardo
1 cucharadita de perifollo
    picado
1 cucharadita de perejil
    picado

Prepare una masa de pasta lisa con la harina, los huevos y el aceite, estírela finamente y córtela en tiras anchas. Cuézalas en agua salada hirviendo. Póngalas en un escurridor y escurra a fondo (sin enfriarlas con agua fría). Unte un molde con aceite, llénelo con los tallarines, coloque un peso encima y deje reposar durante toda una noche en un sitio fresco. Vuélquelo al día siguiente. Corte la tarta de tallarines en raciones. Déles primero la vuelta en harina, luego en el huevo batido y finalmente en el pan rallado. Fríalas en el aceite caliente y resérvelas en un sitio que las mantenga calientes.

Bata las yemas para la mahonesa. Añada sal, pimienta y el zumo de limón y luego incorpore el aceite gota a gota y sin dejar de batir. Para terminar, incorpore las hierbas finamente picadas.

PRESENTACIÓN:
Disponga los escalopes en platos con la mahonesa de hierbas. Con este plato armoniza una ensalada verde.

SUGERENCIA:
Los ingredientes para la mahonesa deberían tener la misma temperatura. Sobre todo, las yemas y el aceite no deben estar muy fríos ni tener una diferencia de temperatura grande para que no se corte la mahonesa. Si, a pesar de todo, ocurriera esto, incorpore con cuidado y poco a poco una yema fresca, o mezcle la mahonesa con un poco de mostaza o requesón hasta que vuelva a quedar lisa.

**Para 4 personas**

# Ravioles de verdura con trufas

PARA LA MASA:

*200 g de harina*
*1 huevo*
*2 yemas de huevo*
*1/2 cucharada de aceite de*
  *oliva*
*1 pizca de sal*

PARA EL RELLENO DE VERDURA:
*sal*
*1 pizca de azúcar*
*el zumo de 1/2 limón*
*120 g de apio, pelado*
*3 yemas de huevo*
*100 g de mantequilla*
*pimienta recién molida*
*120 g de remolacha pelada*
*120 g de zanahorias, peladas*
*1 yema de huevo*
*1 cucharada de leche*
*1 cucharada de harina*

PARA LA SALSA:
*1 trufa negra de unos 30 g*
*80 g de daditos de*
  *mantequilla fría*
*6 cl de vermut Noilly Prat*
*200 g de crema de leche*
*sal*
*pimienta blanca recién*
  *molida*

Tamice la harina en una superficie de trabajo y haga un hueco en el centro. Añada el huevo, las yemas, el aceite de oliva y la sal, mezcle y amase bien durante unos 10 minutos.

Deje reposar la masa.

Para el relleno se preparan los purés de verdura como sigue: cueza primero el apio cortado en trozos gruesos en agua salada hirviendo con el azúcar y el zumo de limón, retírelo y séquelo bien en un trapo. Redúzcalo a un fino puré con la batidora, junto con una yema de huevo y un poco de mantequilla fría, sazónelo con sal y pimienta y resérvelo en un sitio fresco. De la misma manera se preparan las remolachas y las zanahorias, pero sin añadir limón al agua de cocción.

Estire la masa muy fina mediante el rodillo o la máquina de pasta, córtela unos 16 cm de ancho y unte la mitad con una mezcla de yema de huevo y leche. Disponga el relleno con una manga pastelera.

Cúbrala con la otra mitad de la masa, apriete bien, corte ravioles redondos y colóquelos en un plato enharinado.

Para la salsa, limpie la trufa, eventualmente bajo un chorro de agua fría, aunque es mejor con un cepillo de dientes. Pélela finamente. Píquela con los daditos de mantequilla y vuelva a reservar la mezcla en un sitio frío.

Reduzca el vermut Noilly Prat y la crema de leche a aproximadamente 0,1 l, incorpore, poco a poco, a fuego muy lento, la mantequilla de trufa y sazone con sal y pimienta blanca.

PRESENTACIÓN:
Deje reposar los ravioles durante 3 minutos en agua salada hirviendo, sáquelos y escúrralos en un trapo de cocina. A continuación, dispóngalos en platos precalentados y guarnezca con la salsa. Ralle unas finas virutas de trufa sobre los ravioles.

# Penne con puntas de espárragos y trufas de Norcia

32 penne lisos o acanalados
  (macarrones cortados
  diagonalmente)
sal
750 g de espárragos verdes
60 g de trufas de Norcia
20 g de mantequilla
pimienta recién molida

Cueza los penne en agua salada hirviendo hasta que estén *al dente*. Corte las puntas de los espárragos al tamaño de los penne. (Utilice el resto de los espárragos de otra manera, por ejemplo para una sopa).

Cueza las puntas de espárragos muy rápidamente en agua salada.

Cepille las trufas, a ser posible con un cepillo de dientes, pélelas finamente (si la piel es muy dura) y córtelas en rodajas de 3 mm de espesor. Funda la mantequilla en una cacerola grande y añada las rodajas de trufa. Rehóguelas a fuego medio, sálelas ligeramente y sazone con pimienta. Añada las puntas de espárragos y los penne escurridos y mezcle con cuidado.

PRESENTACIÓN:
Disponga este plato sencillo, pero exquisito, en platos precalentados y sírvalo con Parmesano recién rallado.

SUGERENCIA:
Las trufas de Norcia tienen un típico sabor a nueces y son aproximadamente del tamaño de una manzana. Las trufas más diversas se pueden comprar en tiendas bien surtidas de comestibles finos.

**Para 4 personas**

# Tallarines de albahaca con nueces y achicoria roja

PARA LA MASA:

*40 hojas de albahaca*
*(2 manojos)*
*1 cucharada de aceite*
*1 pizca de sal*
*1 cucharada de agua*
*3 huevos*
*400 g de harina*

PARA LA SALSA:

*40 g de nueces*
*4 cucharadas de mantequilla*
*280 g de achicoria roja*
*(Cicorino rosso), en tiras*
*finas*
*4 cl de vino blanco seco*
*250 g de nata dulce*
*sal*
*pimienta recién molida*
*albahaca para decorar*

Pique toscamente las hojas de albahaca y redúzcalas a puré con la batidora junto con el aceite. Diluya la sal en el agua y mezcle con la pasta de albahaca. Bata los huevos e incorpore la harina y la pasta de albahaca. Amase rápidamente en una masa firme y lisa y deje reposar como mínimo durante 15 minutos. Para la salsa, pique toscamente las nueces y macháquelas a continuación en el mortero. Dórelas en 2 cucharadas de mantequilla y añada las tiras de achicoria. Riegue con el vino blanco y redúzcalo. Añada la nata y vuelva a dejar que la salsa se reduzca un poco. Salpimente.

Estire la masa finamente y córtela en tallarines. Cueza en agua salada hirviendo hasta que queden *al dente*.

Escurra el agua, remueva los tallarines en la restante mantequilla caliente y sazone con sal y pimienta.

PRESENTACIÓN:
Disponga los tallarines de albahaca con la salsa en platos precalentados. Decore con albahaca.

SUGERENCIA:
El sabor ligeramente amargo de la achicoria se suaviza quitando el tronco con un cuchillo puntiagudo y blanqueando las hojas brevemente en agua salada hirviendo.

**Para 6 personas**

# Lasaña con radicchio

300 g de hojas de Lasaña
sal
500 g de radicchio
1 pequeña cebolla
1 diente de ajo
20 g de bacon fino
3 cucharadas de aceite de
  oliva
30 g de mantequilla

PARA LA SALSA BECHAMEL:
70 g de mantequilla
60 g de harina
1 l de leche
grasa para el molde
100 g de Emmental recién
  rallado

Cueza las hojas de Lasaña en agua salada hasta que estén *al dente*. Páselas por agua fría y escurra bien.

Corte el radicchio diagonalmente en tiras anchas, lávelo y déjelo escurrir.

Pele la cebolla y el ajo y córtelos en daditos. Corte el bacon igualmente en daditos y rehóguelo en la mezcla caliente de aceite y mantequilla, junto con la cebolla y el ajo. Añada el radicchio cortado en tiras, sale y rehogue a fuego lento hasta que quede tierno.

Mientras tanto, prepare la salsa bechamel de los ingredientes mencionados; deje fundir la mantequilla en la cacerola y añada la harina. Retire la cacerola del fuego y remueva con la cuchara hasta obtener una pasta lisa de la mantequilla y la harina. Agregue la leche y lleve la mezcla a ebullición sin dejar de remover.

Unte un molde de gratinar con mantequilla y coloque, por capas, las hojas de Lasaña, el radicchio, la salsa bechamel y el queso. Gratine durante 15 minutos en el horno precalentado a 200 °C.

SUGERENCIA:
En verano, la Lasaña puede prepararse con ortigas. Para ello se utilizan únicamente las hojitas tiernas superiores. La preparación es la misma; pero las hojas de ortiga tienen que pasarse por agua hirviendo antes de ser rehogadas.

**Para 4 personas**

# Tallarines anchos con ajo tierno

30 g de ajo tierno
2-3 cucharadas de agua
3 huevos
300 g de harina de trigo
1 cucharada de aceite de
   oliva
sal
pimienta recién molida
nuez moscada recién rallada
2 cucharaditas de
   mantequilla
2 cucharaditas de aceite
6 hojas medianas de ajo
   tierno
1 cucharada de semillas de
   girasol

Corte el ajo tierno, redúzcalo a puré junto con 2 o 3 cucharadas de agua y páselo por un colador a un cuenco.

Añada los huevos, la harina y el aceite de oliva. Sazone con sal, pimienta y nuez moscada recién rallada. Mezcle hasta conseguir una masa firme y lisa. Cúbrala con un trapo y déjela reposar durante unos 30 minutos en sitio fresco.

A continuación, estire la masa finamente y córtela en tiras de 3 cm de ancho con un cuchillo. Deje secar en un trapo y cueza enseguida en agua salada con una cucharadita de mantequilla y otra de aceite hasta que estén *al dente*. Remueva con cuidado para que los tallarines no se peguen.

Corte las restantes hojas de ajo tierno en tiras finas, rehóguelas brevemente en una cucharadita de mantequilla y mezcle con los tallarines bien escurridos.

PRESENTACIÓN:
Disponga los tallarines en platos precalentados y espolvoree con unas semillas de girasol doradas en una cucharadita de aceite.

SUGERENCIA:
El ajo tierno no se encuentra siempre en las tiendas o en el mercado. Puede usar también dientes de ajo y, en vez de las hojas de ajo, utilice hojas de cebolla.

**Para 4 personas**

# Pasta con tomate y rucola
## (Cavatieddi con la rucola)

*100 g de sémola de trigo
    duro*
*200 g de harina de trigo*
*sal*
*400 g de tomates maduros*
*4 cucharadas de aceite de
    oliva*
*2 dientes de ajo, pelados*
*pimienta recién molida*
*500 g de rucola (una clase de
    lechuga italiana)*
*una ración generosa de
    Pecorino recién rallado*

Mezcle la sémola de trigo duro y la harina, vierta la mezcla en una superficie de trabajo dejando un hueco en el centro. Espolvoree con sal y añada un poco de agua tibia. Amase bien durante 15 minutos hasta conseguir una masa firme y elástica. Forme rollos de aprox. 30 cm de largo y del diámetro de un dedo y córtelos en trocitos. Aplaste los trocitos uno a uno con la mano para que tengan una forma alargada y haga una incisión en sentido longitudinal para que se parezcan a huesos de dátiles. Cubra con un trapo y deje que se sequen un poco.

Vierta agua hirviendo sobre los tomates, deje reposar brevemente, páselos por agua fría y pélelos. Corte la pulpa en trocitos, quitando el tallo. Caliente el aceite, dore los dientes de ajo y añada los tomates. Salpimente y deje reducir durante 15 a 20 minutos a fuego medio. Lave a fondo la lechuga de rucola y cueza durante 10 minutos en abundante agua salada hirviendo. Añada la pasta y cuézala *al dente*.

PRESENTACIÓN:
Escurra la pasta y la rucola y póngalas en un cuenco precalentado. Mezcle con la salsa de tomate y espolvoree con el Pecorino rallado. Vuelva a remover y sirva muy caliente.

SUGERENCIA:
Si no encuentra la rucola, puede utilizar hojas de acelga.

**Para 4 personas**

# PASTA CON MARISCOS Y PESCADO

Para los gourmets:
la combinación de la pasta y de las
suculentas maravillas que nos ofrece el mar

# Ravioles de langostino con jengibre y repollo

PARA LA PASTA:
*250 g de harina*
*2 cucharaditas de sal*
*20 g de manteca de cerdo*
*0,1 l de agua tibia*

PARA EL RELLENO:
*480 g de langostinos pelados*
*sal*
*pimienta recién molida*
*30 g de jengibre fresco*
*100 g de repollo*
*30 g de mantequilla*
*1 clara de huevo*

PARA LA SALSA:
*0,2 l de fondo de langosta*
*0,1 l de crema de leche*
*80 g de mantequilla, muy*
   *fría*
*sal*
*pimienta negra recién molida*
*1 manojo de perifollo o*
   *perejil*

Prepare la masa firme y lisa con la harina, la sal, la manteca y el agua tibia. Cúbrala y déjela reposar durante 30 minutos.

Mientras tanto, corte los langostinos en trocitos y sazone con sal y pimienta. Pele la raíz de jengibre y píquela finamente. Corte el repollo en tiras finas y rehogue en la mantequilla. Añada los trozos de langostino y el jengibre y sazone con sal y pimienta.

Estire la masa lo más fino posible, divídala en dos partes y disponga el relleno en una de ellas, haciendo montoncitos de una escasa cucharada de relleno a una distancia, cada vez, de 6 cm. Pinte la masa alrededor del relleno con clara de huevo, cubra con la segunda mitad de la masa, apriete bien y corte los ravioles. Naturalmente, se pueden también sacar con un molde redondo. Cuente de 4 a 6 ravioles por persona.

Reduzca el fondo de langosta a la mitad junto con la crema de leche. Incorpore batiendo la mantequilla muy fría y sazone la salsa con sal y pimienta.

Cueza los ravioles en agua salada hirviendo hasta que estén *al dente*.

PRESENTACIÓN:
Distribuya las langostas en platos precalentados y coloque los ravioles bien escurridos encima. Vierta la salsa por encima y adorne con hojitas de perifollo o perejil.

**Para 4 personas**

# Ravioles de langostinos con colmenillas en salsa de Oporto

250 g de masa verde de pasta
(ver receta en página 10)
20 langostinos de tamaño
mediano
sal
pimienta recién molida
1 pizca de pimienta de cayena
2 cucharadas de perifollo
picado
1 yema de huevo
1 cucharada de nata

PARA LA SALSA:
2 cucharadas de aceite de
oliva
80 g de verdura en daditos
(zanahorias, chalotes y apio)
6 granos de pimienta
machacados
6 granos de cilantro
machacados
1 diente de ajo, machacado
1/2 cucharada de tomate
concentrado
4 cl de Oporto
0,1 l de fondo de pescado
0,1 l de nata
sal
pimienta recién molida
pimienta de cayena
30 colmenillas medianas
30 g de mantequilla
1 cucharada de nata montada

Prepare la masa de la pasta y estírela lo más fino posible. Pele los langostinos abriendo la espalda. Retire el intestino, rompa las pinzas y el cuerpo en trozos y resérvelos. Sazone las colas de langostinos con sal, pimienta y cayena y espolvoréelos con perifollo. Coloque las colas de langostino sazonadas, en espacios de 4 cm, en una de las mitades de la masa. Pinte los espacios con la mezcla de yema y nata y cubra con la otra mitad de la masa. Corte los ravioles con un molde.

Para la salsa, dore los cuerpos y caparazones de los langostinos cortados en aceite de oliva caliente, añada la verdura, las especias y el tomate concentrado y rehóguelos igualmente. Riegue con el Oporto, añada el fondo de pescado y la nata y reduzca hasta la consistencia deseada. Pase la salsa por un colador fino y sazone con sal, pimienta y cayena.

Lave a fondo las colmenillas y séquelas con papel de cocina. Rehóguelas en la mantequilla caliente, añada la salsa y deje cocer durante unos 5 minutos a fuego lento. Cueza los ravioles durante 4-5 minutos en una cacerola para rehogar pescado o en agua salada hasta que estén *al dente*.

PRESENTACIÓN:
Disponga los ravioles en platos precalentados y guarnezca con las colmenillas. Lleve la salsa a ebullición e incorpore la nata montada, deje hervir una vez y viértala sobre los ravioles.

**Para 4 personas**

# Fettucine al salmone - Tallarines caseros con salmón

200 g de harina
2 huevos
1 pizca de sal
2 cucharadas de aceite
1 chalote (cebolla tierna)
100 g de salmón fresco
5 cl de aceite de oliva
sal
4 cl de vodka
150 g de nata
1 diente de ajo
pimienta recién molida
1 cucharada de perejil

Tamice la harina encima de una tabla de trabajo y haga un hueco en el medio.

Bata los huevos en un cuenco y sazone con sal, viértalos junto con el aceite en el hueco y mezcle poco a poco con la harina. Trabaje bien la masa hasta que quede lisa y elástica. Envuélvala en un trapo húmedo y deje reposar durante media hora.

A continuación, estire la masa y córtela en tiras anchas. Cueza los tallarines en agua salada hirviendo hasta que estén *al dente*.

Pele el chalote y córtelo en daditos. Corte también el salmón fresco en daditos. En una sartén, caliente el aceite de oliva, añada los dados de chalote y rehóguelos. Añada los dados de salmón, dore y sale.

Flambee con el vodka, rellene con la nata y reduzca brevemente. Pele el diente de ajo, píquelo finamente y añádalo. Sazone con sal y pimienta.

Lave el perejil, escúrralo y píquelo finamente con un cuchillo grande.

Vierta los tallarines y el perejil picado en la salsa y mezcle bien.

Disponga en platos precalentados y sirva enseguida

**Para 2 personas**

# Tallarines con setas y saltimbocca de salmón

4 lonchas de salmón de 120 g
   cada una (u 8 de 60 g), sin
   piel y espinas
sal
pimienta recién molida
4 cucharadas de zumo de
   limón
80 g de filetes de lenguado
5 cucharadas de nata
1 yema de huevo
nuez moscada, recién molida
250 g de colmenillas frescas
   (u otras setas, según gusto y
   temporada)
150 g de tallarines caseros
aceite de oliva
3 cucharadas de juliana de
   zanahorias
3 cucharadas de juliana de
   puerros
4 lonchas de salmón
   ahumado de 20 g cada una
   (u 8 de 10 g)
8 hojas medianas de salvia
4 trozos de tocino blanco
   fresco sin salar (canal
   fresca) de 15 x 15 cm, bien
   remojado (tiene que ser
   muy blanco y firme)
1 chalote picado
20 g de mantequilla
200 g de nata
1 yema de huevo

Sazone las lonchas de salmón con sal y pimienta y marínelas en el zumo de limón.

Reduzca los filetes de lenguado a puré con la batidora, junto con la nata, la yema de huevo, la sal, la pimienta y la nuez moscada. Pase el relleno por un colador fino y resérvelo en la nevera.

Lave las setas bajo un chorro de agua, límpielas, seque con un papel de cocina y córtelas en rodajas regulares.

Cueza los tallarines en agua salada con unas gotas de aceite de oliva hasta que queden *al dente*, corte la cocción con agua fría y escurra bien.

Blanquee las tiras de zanahoria y puerro en agua salada, páselas por agua helada y escurra bien.

Unte las lonchas marinadas de salmón con el relleno de lenguado y cubra cada una con una loncha de salmón ahumado. Distribuya las hojas de salvia regularmente.

Envuelva cada loncha con cuidado en un trozo de tocino blanco fresco.

Coloque las lonchas de salmón en un molde que va al horno untado con un poco de aceite de oliva y cueza durante 6 minu-

tos en el horno precalentado a 220 °C. Dé la vuelta después de 3 minutos.

Mientras tanto, rehogue el chalote en la mantequilla caliente hasta que se vuelva transparente.

Añada las rodajas de setas, sazone con sal y pimienta, rehogue brevemente, riegue con nata y cueza durante 2 minutos. Pase todo por un colador. Ligue la salsa recogida con yema de huevo y sazone con sal, pimienta y nuez moscada.

PRESENTACIÓN:
Mezcle los tallarines, las setas y las tiras de verdura con la salsa, caliente brevemente y disponga en platos precalentados. Espolvoree con hojas de salvia según su gusto. Coloque la saltimbocca de salmón (cortada en lonchas, si así lo desea), encima y sirva enseguida.

**Para 4 personas**

# Tallarines con ragú de espárragos y salmón con perifollo

400 g de harina
4 huevos
sal
unos 2 cl de aceite de oliva
500 g de espárragos verdes
  (unos 24 tallos)
0,3 l de caldo de gallina
200 g de nata
280 g de filetes de salmón,
  sin espinas
60 g de mantequilla muy fría
pimienta recién molida
1 cucharada de zumo de
  limón
2 cucharadas de mantequilla
1 manojo de perifollo

Tamice la harina encima de una tabla y haga un hueco en el centro. Bata los huevos en un cuenco y sálelos, viértalos en el hueco y añada la harina poco a poco, desde el margen, con la punta de los dedos. Trabaje la masa hasta que quede elástica y lisa. Envuélvala en un trapo húmedo y déjela reposar durante media hora. Corte la masa en tallarines finos y cuézalos. Pele el tercio inferior de los espárragos verdes y corte el extremo inferior. Corte los espárragos en trocitos y cueza durante unos 5 minutos en el caldo de gallina. Saque los trozos de espárragos y resérvelos. Cueza la nata junto con el líquido de cocción hasta obtener una salsa ligera.

Corte el salmón en lonchas, sale y cueza durante 2 o 3 minutos en la salsa a fuego lento. Sáquelo y resérvelo.

Incorpore la mantequilla fría en trocitos a la salsa sin dejar de batir. Sazone con sal, pimienta y zumo de limón.

Remueva los tallarines en la mantequilla caliente y mézclelos con los trozos de espárragos. Caliente el salmón en la salsa.

PRESENTACIÓN:
Disponga los tallarines en platos precalentados, coloque las lonchas de salmón con perifollo. Sirva enseguida.

**Para 4 raciones**

# Filete de rodaballo sobre tallarines negros con pimienta rosa, azafrán y Pastís

PARA LA MASA:
*400 g de harina*
*4 yemas de huevo*
*1 huevo*
*1 cucharada de aceite de oliva*
*100 g de tinta de sepia*
*un poco de agua*
*sal*

PARA LA SALSA:
*5 cl de vermut Noilly Prat*
*5 cl de vino blanco*
*120 ml de* fumet *de pescado (fondo)*
*algunas hebras de azafrán*
*1 cucharadita de pimienta rosa*
*6 cl de nata*
*200 g de mantequilla muy fría*
*sal*
*1 pizca de curry*
*2 cl de Pastís*
*6 raciones de filete de rodaballo de 80 g cada uno*
*2 cl de fondo de pescado*
*1/2 manojo de estragón*
*1 cucharadita de cebollino picado*
*2 cucharadas de mantequilla*

Ponga todos los ingredientes para la masa en un cuenco y trabájelos hasta conseguir una masa firme, pero lisa. Deje reposar medio día. Estire en la máquina de pasta al número 6 y corte. Cueza los tallarines negros en agua salada hirviendo hasta que queden *al dente*, escurra enseguida y deje enfriar.

Para la salsa, reduzca el Noilly Prat, el vino blanco y el *fumet* de pescado junto con las hebras de azafrán y la pimienta rosa y pase la mezcla por un colador en una cacerola. Reserve el resto que se encuentra en el colador.

Lleve la salsa a ebullición y añada la nata. Incorpore poco a poco la mantequilla en trocitos. Sazone con sal, curry y Pastís.

Sazone las lonchas de rodaballo y deje cocer a fuego lento en el fondo de pescado durante 5 o 7 minutos.

Mientras tanto, retire las hojas de estragón de los tallos y píquelos finamente.

PRESENTACIÓN:
Lleve la salsa a ebullición, añada los restos de la reducción, el estragón y el cebollino picado y sazone.

Mientras tanto, remueva los tallarines negros en la mantequilla caliente y dispóngalos en el centro de los platos precalentados.

Coloque encima los filetes de rodaballo. Vierta la salsa alrededor de los tallarines y encima del pescado.

**Para 6 personas**

# Ravioli aperti - Ravioles abiertos con vieiras

*300 g de masa de pasta (ver receta en página 9)*
*4 hojas grandes de perejil*
*4 hojas de lasaña de espinacas*
*sal*
*400 g de carne de vieiras*
*pimienta blanca recién molida*
*100 g de mantequilla, de ella 80 g muy fría*
*5 cl de vino blanco seco*
*1 cucharadita de jugo fresco de jengibre*

Estire la masa fresca muy fina y corte ocho hojas de Lasaña de idéntico tamaño. Ponga en cuatro de ellas una hoja de perejil lavada y secada con papel de cocina. Cubra con las cuatro hojas restantes y estírelas juntas para que el perejil quede visible.

Cueza en agua salada junto con las hojas de Lasaña verde.

Corte la carne de vieiras en sentido vertical, salpimente.

Caliente en la cacerola 20 g de mantequilla y rehogue la carne de molusco. Riegue con el vino blanco y caliente brevemente.

Retire las vieiras y resérvelas.

Añada el jugo de jengibre al líquido de cocción y reduzca un poco.

Incorpore poco a poco los daditos de mantequilla helada sin dejar de batir.

Sazone con sal y pimienta.

PRESENTACIÓN:
Coloque las hojas de Lasaña verde en cuatro platos precalentados. Distribuya las vieiras encima y riegue con la salsa. Cubra con la pasta clara de perejil y sirva enseguida caliente.

SUGERENCIA:
Si utiliza vieiras en conserva, debe lavarlas bajo un chorro de agua fría y escurrir bien. Sólo después, se utilizan tal como se indica en la receta.

**Para 4 personas**

# Ravioles abiertos con langosta y verdura en salsa de trufa

1 bogavante de unos 800 g
Court-bouillon *(caldo
    sazonado de pescado) para
    la cocción*
20 g de mantequilla
100 g de bolitas mezcladas de
    verdura de zanahorias,
    apio y calabacín
sal
200 ml de fumet *de pescado
    (fondo)*
150 g de crema de leche
1 cl de jugo de trufa
50 g de nata
zumo de limón
vermut Noilly Prat
pimienta recién molida
80 g de trufas de Périgord,
    cortadas en rodajas
20 g de cebollino picado
1 manojo de albahaca
120 g de masa de pasta con
    huevos (ver receta en
    página 9)
15 g de mantequilla

Cueza el bogavante en el *Court-bouillon* durante unos 3 minutos, pélelo, remueva la carne en un poco de mantequilla y resérvela.

Blanquee las verduras en agua salada hirviendo, remuévalas en mantequilla y resérvelas.

Reduzca el *fumet* de pescado junto con la crema de leche a una salsa espesa. Sazone con un poco de zumo de limón, Noilly Prat, sal y pimienta.

Añada al final las rodajas de trufa y el cebollino.

Retire las hojas de albahaca de los tallos, lávelas y escúrralas. A continuación, córtelas en tiras muy finas. Separe la masa de pasta con huevos en dos mitades. Mezcle una de ellas con las tiras de albahaca y estire las dos mitades finamente por separado. Córtelas en cuatro trozos iguales de 10 x 10 cm. Cuézalos en agua salada hasta que estén *al dente* y remueva en un poco de mantequilla.

PRESENTACIÓN:
Disponga los trozos claros de masa en cuatro platos precalentados y coloque encima carne de bogavante y verdura. Riegue con la salsa de trufa y cubra con un cuadrado verde de masa. Adorne según sus gustos con las patas de bogavante y con hierbas aromáticas.

**Para 4 personas**

# Espaguetis de bogavante con salsa bogavante

PARA LA MASA:
*350 g de harina*
*4 huevos batidos*
*50 g de mantequilla de*
*bogavante, tibia*
*1 pizca de sal*

PARA LA SALSA:
*1 bogavante (o, en su defecto,*
*langostas)*
*1 chalote*
*1 tomate*
*80 g de mantequilla*
*1 diente de ajo*
*1 manojo de albahaca*
*sal*
*pimienta recién molida*
*50 g de mantequilla de*
*bogavante*
*50 g de Parmesano rallado*

Tamice la harina en una superficie de trabajo y haga un hueco en el medio. Incorpore poco a poco los huevos batidos y la mantequilla tibia de bogavante. Trabaje hasta conseguir una masa lisa y elástica.

Pase la masa por la máquina de pasta con el cilindro de espaguetis y cueza en agua salada hirviendo hasta que éstos queden *al dente*.

Cueza el bogavante o las langostas en agua hirviendo durante 2 minutos y pélelo.

Para la salsa, pele el chalote y píquelo finamente. Vierta agua caliente sobre el tomate, deje reposar un momento, páselo por agua fría y retire la piel. Corte la fruta por la mitad. Retire el tallo y corte la pulpa en dados. Rehogue los dados de chalote en mantequilla caliente. Corte la carne de bogavante en dados y añádalos junto con los dados de tomate. Pele el ajo, macháquelo y añádalo. Sazone con tiras de albahaca, sal y pimienta.

PRESENTACIÓN:
Mezcle bien los espaguetis de bogavante con la mantequilla de bogavante y dispóngalos en platos precalentados. Vierta la salsa encima y guarnezca con Parmesano recién rallado y hojas de albahaca.

SUGERENCIA:
Según la temporada, puede rallar igualmente trufas blancas sobre los espaguetis de bogavante. Las almendras ralladas también armonizan estupendamente con estas pastas.

**Para 4 personas**

# Tallarines en salsa de salmón y nata

*400 g de tallarines*
*sal*
*1/2 cebolla*
*100 g de filetes de salmón*
*2 cucharadas de mantequilla*
*2 cl de coñac*
*1 tomate*
*200 g de nata*
*pimienta recién molida*
*1 cucharadita de perejil*
  *picado*

Cueza los tallarines en abundante agua salada hirviendo hasta que estén *al dente*.

Pique la media cebolla muy finamente y corte el filete de salmón en tiras. Caliente la mantequilla y rehogue la cebolla. Añada las tiras de salmón y rehóguelo durante 2 o 3 minutos junto con la cebolla sin dejar de remover. Riegue con el coñac. Retire los trozos de salmón con una espumadera y resérvelos. Vierta agua caliente sobre el tomate, deje reposar brevemente, páselo por agua fría y retire la piel. Quite el tallo y corte la pulpa en dados. Añada la nata y los dados de tomate al líquido. Deje reducir a un tercio a fuego lento. Sazone con sal y pimienta y vuelva a poner las tiras de salmón en la salsa. Mezcle los tallarines calientes y el perejil picado con la salsa de salmón y nata.

PRESENTACIÓN:
Disponga los tallarines en platos precalentados y sirva con Parmesano recién rallado.

SUGERENCIA:
Esta receta se puede clasificar en la categoría «Cocina rápida para el gourmet». Usted puede preparar los tallarines con salsa de salmón y nata en su propia cocina en tan sólo 20 o 25 minutos.

**Para 4 personas**

# PASTA
# CON CARNE

Acompañantes favoritos para la pasta:
la caza y las aves

# Canelones con mollejas de ternera y gambas en salsa de albahaca

*4 hojas secas de lasaña, a ser*
*    posible, verdes y rojas*
*sal*
*200 g de mollejas de ternera,*
*    remojadas*
*1 cebolla, guarnecida con*
*    1 hoja de laurel y 1 clavo*
*100 g de gambas*
*100 g de champiñones,*
*    limpios*
*2 chalotes*
*4 cl de aceite de oliva*
*80 g de mantequilla*
*pimienta recién molida*
*el zumo de 1/2 limón*
*mantequilla para el molde*

PARA LA SALSA:
*500 g de nata*
*1/4 l de fondo de ternera*
*sal*
*1 pizca de cayena*
*30 g de mantequilla, muy*
*    fría*
*100 g de dados de tomate,*
*    pelados*
*1 manojo de albahaca,*
*    picada*
*2 cucharadas de Parmesano*
*    rallado*

Cueza las hojas de Lasaña muy brevemente en agua salada hirviendo, páselas por agua fría y dispóngalas en un trapo húmedo.

Lleve a ebullición agua salada con las mollejas de ternera y la cebolla guarnecida. Cueza durante 15 minutos, retire las mollejas y sepárelas en rosetas.

Corte las gambas y los champiñones en dados. Pele los chalotes, píquelos y rehóguelos en la mezcla caliente de aceite de oliva y mantequilla, añada los dados de champiñones y rehogue hasta que casi la totalidad del líquido se haya evaporado.

Incorpore los dados de gambas y rehogue brevemente. Sazone con sal, pimienta recién molida y zumo de limón.

Distribuya el relleno en las hojas de Lasaña, enróllelas y póngalas en un molde de gratinado untado con mantequilla.

Para la salsa, reduzca un tercio la nata y el fondo de ternera, sazone con sal y cayena e incorpore la mantequilla helada sin dejar de batir. Añada los dados de tomate y la albahaca.

PRESENTACIÓN:
Vierta la salsa sobre los canelones. Espolvoree con el Parmesano rallado.

Gratine durante 10 minutos en el horno precalentado a 160 °C y sírvalo muy caliente.

**Para 4 personas**

# Bolsitas de morcilla sobre chucrut

300 g de harina
3 yemas de huevo
1 huevo
3 cl de aceite de oliva
agua
250 g de masa de morcilla
   (encargar en la carnicería)
1 clara de huevo

PARA EL CHUCRUT:
40 g de bacon entreverado
40 g de manteca
50 g de cebollas
400 g de chucrut
sal
pimienta recién molida
1 cucharadita de comino
3/8 l de caldo de carne
1 patata cruda (unos 50 g)
50 g de panceta
   (chicharrones)

Prepare una masa elástica y lisa con la harina, las yemas de huevo, el huevo, el aceite de oliva y, si fuera necesario, un poco de agua. Deje reposar durante una buena hora. A continuación, estire la masa muy finamente y corte círculos de 4 cm de diámetro.

Coloque la masa de morcilla sazonada en un lado de los círculos de masa, unte los bordes con clara de huevo y cierre la masa encima. Apriete bien los bordes.

Corte el bacon en tiras finas y fríalo en poca manteca. Añada las cebollas picadas y rehóguelas hasta que se pongan transparentes. Añada el chucrut, sazone con sal, pimienta y comino y riegue con el caldo. Cueza brevemente.

Pele la patata, rállela finamente e incorpórela al chucrut. Cueza durante unos minutos.

Corte la panceta en dados y fríala hasta obtener chicharrones.

Hierva las bolsitas de masa en agua salada hirviendo durante unos 3 minutos.

PRESENTACIÓN:
Disponga el chucrut sazonado en cuatro platos precalentados. Remueva las bolsitas brevemente en el resto de la manteca caliente y colóquelas sobre el chucrut.

SUGERENCIA:
El chucrut fresco necesita una cocción más larga (aprox. 30 a 45 minutos) que el comprado en conservas. El tiempo se reduce, sin embargo, a unos 8 o 10 minutos si se emplea la olla a presión.

**Para 4 personas**

# Pappardelle con pato salvaje

1 zanahoria
1 puerro
1 apio
1 cebolla
2 patos salvajes, listos para
    cocinar
2 cucharadas de aceite de
    oliva
1/8 l de vino blanco seco
1 lata de tomate pelado,
    reducido a puré
1/4 l de fondo de pato salvaje
1 bouquet garni (ramito de
    hierbas variadas)
300 g de pappardelle
un poco de Maizena para
    ligar la salsa
1 cucharadita de hinojo
2 cucharadas de Parmesano
    rallado

Limpie o pele la zanahoria, el puerro, el apio y la cebolla y córtelos en daditos. Dore los patos salvajes lavados y secados con un papel de cocina junto con la verdura cortada en el aceite de oliva caliente en la olla a presión (capacidad 5 l), y riegue con el vino blanco y el puré de tomate. Deje cocer brevemente y añada el fondo de pato salvaje. Lleve el líquido a ebullición, cierre la tapa, deje salir brevemente el vapor y regule el nivel de cocción. El tiempo de cocción es de unos 20 o 25 minutos, según el tamaño de los patos. Al final de la cocción, deje escapar el vapor y abra la olla. Saque los patos con una espumadera y páselos brevemente bajo el chorro de agua fría. Retire la carne de los huesos y resérvela.

Ponga el *bouquet garni* en el fondo de cocción y redúzcalo. Mientras tanto, cueza los pappardelle en agua salada hasta que queden *al dente*.

Retire el ramo de hierbas, pase la salsa por un colador y líguela, si es necesario, con harina de Maizena.

PRESENTACIÓN:
Distribuya la pasta en platos precalentados, disponga la carne de pato encima y riegue con la salsa.

Espolvoree con semillas de hinojo y Parmesano rallado y sirva enseguida caliente.

SUGERENCIA:
La harina de Maizena es ideal para ligar salsas. Tiene un sabor neutro, y la salsa no se vuelve viscosa.

**Para 4 personas**

# Gratinado de tallarines de centeno y Caracoles con conejo en salsa de aceitunas

250 g de tallarines de centeno
(ver receta para masa con
huevos en página 9,
utilizando harina de
centeno en vez de harina
de trigo, y añadiendo tal
vez un poco de agua)
sal
100 g de mantequilla de
hierbas finas
2 dientes de ajo, pelados
16 caracoles, cortados por la
mitad
1 cucharada de perejil,
picado
5 cucharadas de nata
pimienta recién molida
2 muslos de conejo
2 ramitas de romero
100 g de tocino blanco fresco
sin salar (canal fresca)
(encargar en la tocinería)
2 filetes de conejo
4 riñones de conejo
2 hígados de conejo

PARA LA SALSA:
1 cl de fondo de ternera
1 cl de nata
50 g de pasta de aceitunas
negras
50 g de mantequilla, muy fría
3 cucharadas de nata montada

Cueza los tallarines en agua salada hirviendo hasta que estén *al dente* y escurra.

Deje fundir la mantequilla de hierbas finas, añada los dientes de ajo machacados y los caracoles cortados por la mitad. Deje que suba espuma. Incorpore con cuidado los tallarines y el perejil. Añada la nata y lleve a ebullición. Sazone con sal y pimienta. Reserve.

Retire el hueso de los muslos de conejo, quite los tendones, sale y envuelva la carne junto con el romero fresco en el tocino blanco fresco. Dórela primero en una sartén y cueza después durante unos 12 minutos en el horno precalentado a 200 °C. Sazone los filetes de conejo y añádalos a los muslos 5 minutos más tarde. Agregue, tres minutos antes del fin del tiempo de cocción, los riñones e hígados cortados por la mitad. Después del tiempo de cocción, deje reposar durante 5 minutos.

Para la salsa, reduzca el fondo de ternera junto con la nata a la mitad, añada la pasta de aceitunas y remueva hasta que esté lisa. Retire la cacerola del fuego y agregue la mantequilla fría en copos sin dejar de batir. Antes de servir, incorpore la nata montada en la salsa.

PRESENTACIÓN:
Disponga los tallarines en platos precalentados, vierta la mantequilla de caracoles encima y gratine brevemente debajo del *grill*.

Corte los filetes y los muslos de conejo en lonchas y dispóngalas junto con los riñones y los hígados encima de los tallarines.

Vierta un poco de salsa de aceitunas sobre la carne. Sirva el resto de la salsa por separado.

**Para 4 personas**

# Tallarines con foie gras, ave y trufas negras

300 g de masa de pasta (ver receta en página 9)
sal
240 g de foie gras fresco, en un trozo
2 filetes de pechuga de pollo (unos 320 g)
pimienta recién molida
4 cucharadas de harina de trigo
40 g de mantequilla
80 g de trufa negra, limpiada
0,1 l de Madeira
150 ml de fondo de ave
40 g de foie gras cocido, pasado por un colador

Prepare la masa, estírela y córtela en tallarines muy finos. Cueza los tallarines en agua salada hirviendo hasta que estén *al dente*.

Corte el foie gras y los filetes de pollo en 12 medallones cada uno y sazónelos con sal y pimienta. Revuélvalos en la harina y sacúdalos ligeramente.

Deje fundir la mantequilla en una cacerola y remueva brevemente primero las lonchas de ave y después las lonchas de foie gras.

Retírelas y resérvelas.

Corte la trufa en lonchas finas y, a continuación, en tiras. Reduzca, en una cacerola, el Madeira un cuarto, añada la trufa, riegue con el fondo de ave, lleve a ebullición y deje servir a fuego lento durante 2 minutos.

PRESENTACIÓN:
Coloque los tallarines en el centro de los platos precalentados y disponga los trozos de ave y de foie gras encima. Retire las tiras de trufa de la salsa con una espumadera y espolvoréelos sobre los tallarines.

Lleve la salsa a ebullición, retire la cacerola del fuego e incorpore la masa de foie gras. Pase la salsa por un colador y vierta una parte de ella alrededor de los tallarines. Sirva la salsa restante por separado.

**Para 4 personas**

# Ravioles con conejo en mantequilla de romero

1 lomo de conejo
sal
pimienta recién molida
5 cl de aceite de oliva
2 muslos de conejo
1 cebolla, pelada
1/2 zanahoria, pelada
20 g de apio blanco
tomillo y romero
1 hoja de salvia
unos tallos de perejil
0,1 l de vino blanco
0,1 l de caldo de carne
80 g de pan blanco
2 huevos
nuez moscada recién molida
cilantro molido
500 g de harina de trigo
8 yemas de huevo
1 pizca generosa de sal
5 cl de aceite de oliva
1 clara de huevo
1 chalote picado
1/8 l de vino blanco
2 cl de martini
0,1 l de fondo de conejo o
    caldo
1 cucharada de nata
125 g de mantequilla muy fría
romero y perejil
menestra cortada en daditos
1 cucharada de piñones
    dorados
hojas de salvia, fritas en
    masa de freír

Retire los huesos del filete de conejo mediante un cuchillo afilado y quite los tendones; sazone y dore en poco aceite de oliva. Retire la carne de los muslos de los huesos, quite los tendones, córtela en trozos de unos 40 g, sazónelos y dórelos. Retírelos de la sartén. Corte la cebolla, la zanahoria y el apio en trocitos y rehóguelos en la grasa restante. Añada las hierbas aromáticas y remueva bien. Riegue con el vino blanco y el caldo y cueza a fuego lento durante media hora, hasta que el líquido quede casi completamente reducido. Deje enfriar. Remoje el pan blanco en agua, exprímalo y añádalo a la verdura, mezcle bien y pase la masa por el disco más fino de la picadora de carne. Trabaje la masa en un cuenco en medio de trozos de hielo y añada poco a poco los dos huevos. Sazone con sal, pimienta, nuez moscada y cilantro.

Ponga la harina, las yemas de huevo, la sal y el aceite de oliva en un cuenco, mezcle y amase rápidamente hasta conseguir una masa elástica. Deje reposar de 10 a 20 minutos.

Estire la masa finamente, córtela por la mitad y coloque el relleno de verdura por cucharaditas a espacios de 4 cm. Corte medallones de los filetes y ponga uno en cada cucharadita de relleno. Unte la masa alrededor del relleno con clara de huevo y cubra con la otra mitad de masa. Apriete bien y forme ravioles con un molde.

Para la mantequilla de romero, ponga el chalote en una olla junto con el vino blanco, el martini y el caldo. Deje reducir casi del todo a fuego lento. Añada la nata y deje reducir un poco. Incorpore los dados de mantequilla helada sin dejar de batir. Agregue el romero y el perejil y sazone con sal y pimienta.

Cueza los ravioles durante unos 2 minutos en agua salada y escurra bien.

PRESENTACIÓN:
Disponga los ravioles encima de la mantequilla de romero. Adorne con daditos de verdura, piñones y hojas de salvia fritas.

**Para 4 personas**

# Penne rigate con ragú de conejo y colmenillas

500 g de carne de conejo del
   muslo, en dados
3/4 l de vino tinto fuerte
6 granos de pimienta,
   machacados
2 ramitas de tomillo
1 talló de apio blanco, en
   dados
50 g de bacon
1 pequeña cebolla
50 g de mantequilla
sal
pimienta recién molida
400 g de penne rigate
   (macarrones cortados en
   diagonal y estriados)
2 cucharadas de mantequilla
1 cucharada de harina
50 g de colmenillas secas,
   remojadas, limpiadas y
   lavadas
0,2 l de nata

Ponga los dados de conejo en un cuenco y riegue con el vino tinto. Añada las especias y los dados de apio y deje marinar unas 10 horas.

Corte el bacon en daditos pequeños , pele la cebolla y píquela. Rehogue ambos ingredientes en 50 g de mantequilla hasta que se vuelvan transparentes. Saque la carne de conejo de la marinada, escurra bien, añádalo y dórelo a fuego vivo. Sazone con sal y pimienta. Agregue poco a poco la marinada de vino tinto y guise la carne de conejo, tapada, durante 30 minutos hasta que esté tierna.

Cueza las pastas en agua salada hirviendo hasta que estén *al dente*

Deje fundir 1 cucharada de mantequilla en una cacerola, incorpore la harina y dore ligeramente. Agregue las colmenillas remojadas y bien lavadas y cueza durante unos 5 minutos. Sazone la salsa con sal y pimienta e incorpore, como último, la nata. Después, la salsa ya no debe hervir.

PRESENTACIÓN:
Remueva los penne en la mantequilla restante y dispóngalos en platos precalentados. Vierta la salsa encima y adorne según sus gustos con trocitos de tomate y un poco de hierba de apio.

**Para 4 personas**

# Enciclopedia de pastas

## AGNOLOTTI

Bolsitas de masa en forma de media luna, con diferentes rellenos como carne de cordero, calabaza, ricotta y otros

## ANNELLINI

Pequeños aros de masa, rellenos como los ravioles con una masa de carne, ricotta o setas

## BAVETTE

Largas pastas, semejantes a los espaguetis, pero planas, fabricadas de una masa con huevos. Armonizan estupendamente con salsas cremosas

## BOMBOLOTTI

Macarrones grandes, pero cortos, estriados y cilíndricos, que son idóneos para ragús y gratinados

## CANELONES

Grandes placas rectangulares de masa de huevo que se rellenan y se gratinan en el horno, alineados uno junto a otro y unidos con una salsa. Antiguamente, la salsa se componía de requesón con espinacas o carne picada. Actualmente se sirven también otras variaciones, como canelones de salmón u otros pescados

## CAPPELLETTI

Como su nombre indica, se parecen a pequeños sombreros. Se rellenan, normalmente con queso o carne picada, se cuecen en caldo y son muy populares como guarnición en un caldo

## CRESTONI

Son unos tubos corvos y estriados con un borde en forma de cresta de gallo en la curvatura exterior

## DITALI

Ditale significa «dedal», y estas pastas parecen dedales por su forma y su tamaño, aunque sin cabeza. Se suelen preparar acompañados de una salsa de tomate

## ESPAGUETIS

Largos hilos redondos de masa con huevos o sémola de trigo duro. Preparaciones clásicas son, por ejemplo, Espaguetis al sugo, alla Boloñesa, alla Carbonara, etc

## FETTUCCINE

Tallarines de unos 4 a 5 mm de ancho, que son enrollados en pequeños nidos. Armonizan con las salsas de carne y de verdura

## FUSILLI

Largos espaguetis en forma de espiral (si son caseros, enróllelos alrededor de una aguja de hacer punto), que son muy populares sobre todo con salsas ligadas

## GNOCCHI

No se trata aquí de las pastas rellenas del mismo nombre, sino de unos óvalos blandos, bombados de masa, estriados en su lado exterior, que se parecen a pequeñas manos abiertas

## GRAMIGNA

Estas pastas huecas de unos 3 cm de largo vienen de la región de Emilia. Se suelen preparar con salsas ligadas, casi siempre a base de queso o tomate.

## LASAÑA

Grandes placas rectangulares de

masa con huevos. Primero se cuecen y, a continuación, se colocan en un molde en capas sucesivas con diversas salsas y rellenos y, finalmente, se gratinan

## LINGUE DI PASSERO

Las «lenguas de gorrión» son tallarines planos y muy anchos

## MACARRONES

Pastas largas y bastante gordas en forma de tubo; muy populares con salsas picantes con queso

## MALTAGLIATI

Pastas cortadas en diagonal que se parecen, por su forma, a un bumerang. A menudo se preparan de restos de masa cortados

## MESSICANI

Pastas en forma de pequeñas corbatas. Se pueden comprar en diferentes colores (amarillo, verde, rojo)

## PANZEROTTI

Ravioles triangulares de Liguria con los rellenos más diversos que se colocan, en forma redonda, en el centro del triángulo

## PAPPARDELLE

Tallarines de 3 cm de ancho con bordes ondulados, enrollados en nidos

## PENNE LISCE

Trozos de macarrones de unos 4 cm de largo, cortados en sus extremos en diagonal

## PENNE RIGATE

Se distinguen de los Penne lisce sólo por su superficie estriada

## RAVIOLES

La pasta rellena más conocida en Italia. Son unas bolsitas cuadradas de masa con los bordes dentados y los rellenos más diversos: verdura, queso, pescado y carne. También la masa puede variar

## RAVIOLINI

Los hermanos pequeños de los ravioles. Miden aproximadamente la mitad, son muy apropiados como guarnición para caldos

## RIGATONI

Unos grandes macarrones, pero con una superficie estriada

## SPAGHETTINI

Son unos espaguetis muy finos. Se preparan del mismo modo

## TAGLIATELLE

Unas pastas de 3-4 cm de ancho con bordes lisos

## TORCIGLIONI

Pastas de unos 2-3 cm de largo, enrolladas en espiral

## TORTELLINI

Se parecen a los Cappeletti pero son el doble de grandes

## TORTELLONI

Son, en su tamaño, el doble de los tortellini

## TRULLI

Tienen aspecto de pequeñas ruedas estriadas con seis rayas. Por su forma pueden adherir grandes cantidades de salsa

## VERMICELLI

Significa «gusanitos»; son finos y cortos. Se emplean como pasta de sopa en caldos

# Índice de recetas